AF221751

Impressum
Verlag: BABADADA GmbH, Nedderfeld 112 , 22529 Hamburg
Geschäftsführer / Verlagsleitung: Harald Hof
Druck: Books on Demand GmbH, In de Tarpen 42, 22848 Norderstedt

Imprint
Publisher: BABADADA GmbH, Nedderfeld 112 , 22529 Hamburg, Germany
Managing Director / Publishing direction: Harald Hof
Print: Books on Demand GmbH, In de Tarpen 42, 22848 Norderstedt, Germany

школа
sekolah

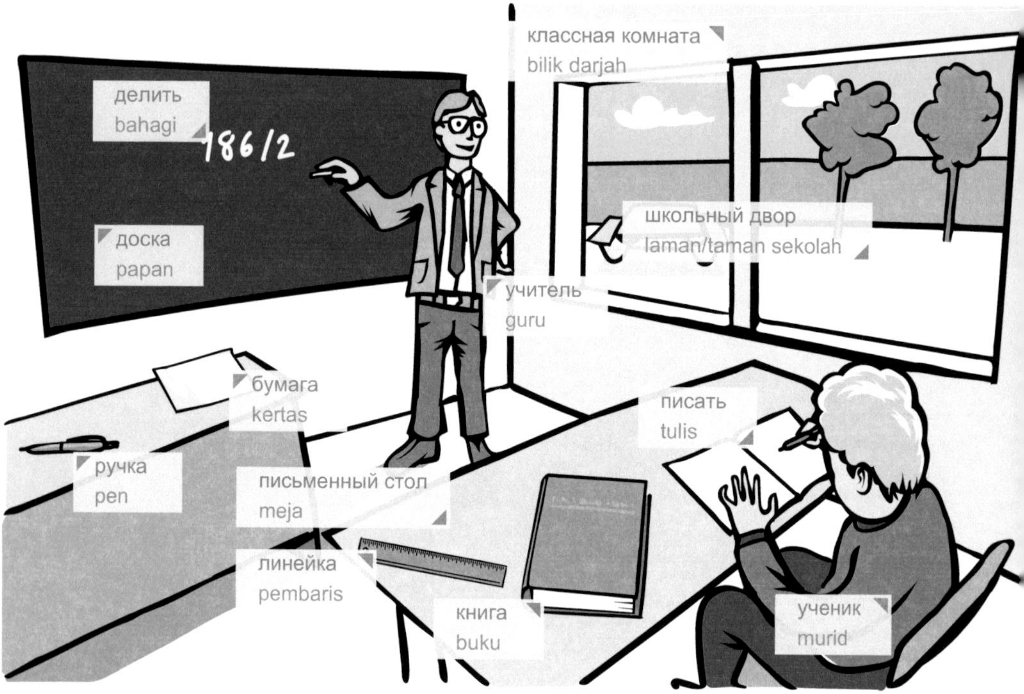
классная комната
bilik darjah
делить
bahagi
186/2
доска
papan
учитель
guru
школьный двор
laman/taman sekolah
бумага
kertas
писать
tulis
ручка
pen
письменный стол
meja
линейка
pembaris
книга
buku
ученик
murid

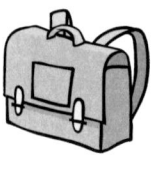

ранец

beg galas

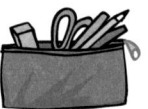

пенал

kotak pensel

карандаш

pensel

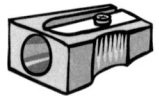

точилка

pengasah pensel

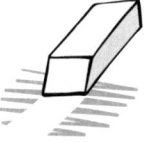

ластик

pemadam

альбом для рисования

kertas lukisan

рисунок

melukis

кисточка

berus lukis

коробка красок

kotak warna

ножницы

gunting

клей

gam

тетрадь

buku latihan

домашняя работа

kerja rumah

цифра

nombor

прибавлять

tambah

вычитать

tolak

умножать

darab

считать

kira

буква

huruf

алфавит

abjad

слово

kata

текст

teks

читать

baca

мел

kapur

урок

pelajaran

классный журнал

daftar

экзамен

peperiksaan

диплом

sijil

школьная форма

uniform sekolah

образование

pendidikan

энциклопедия

ensiklopedia

университет

universiti

микроскоп

mikroskop

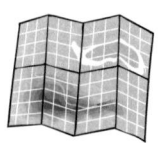

карта

peta

корзина для бумаг

bakul sampah

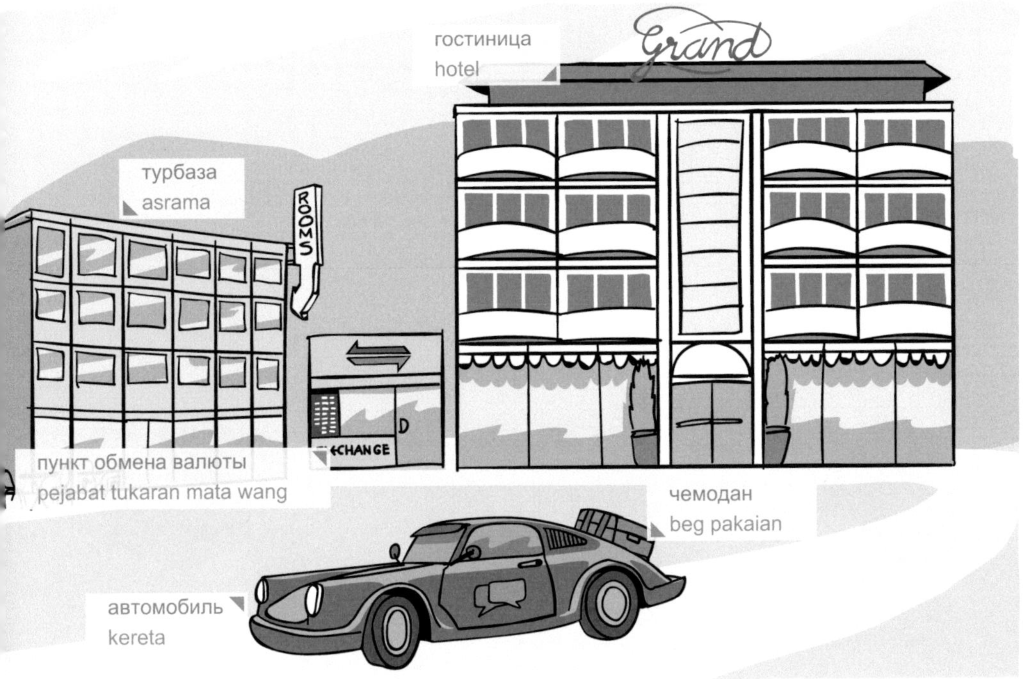

гостиница
hotel
Grand
турбаза
asrama
ROOMS
EXCHANGE
пункт обмена валюты
pejabat tukaran mata wang
чемодан
beg pakaian
автомобиль
kereta

язык
bahasa

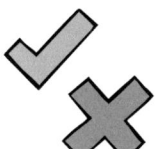

да / нет
ya / tidak

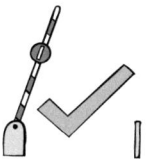

хорошо
okey

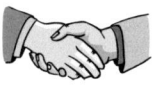

Привет
helo

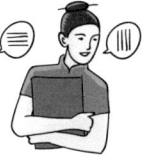

переводчик
penterjemah

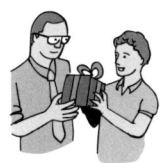

Спасибо
Terima kasih

Сколько стоит…?

berapa banyak…?

Я не понимаю

saya tidak faham

проблема

masalah

Добрый вечер!

Selamat petang!

Доброе утро!

Selamat Pagi!

Доброй ночи!

Selamat Malam!

До свидания

selamat tinggal

направление

arah

багаж

bagasi

сумка

beg

рюкзак

beg galas

гость

tetamu

комната

bilik tidur

спальный мешок

beg tidur

палатка

khemah

туристическая
информация
maklumat pelancong

пляж

pantai

кредитная карточка

kad kredit

завтрак

sarapan

обед

makan tengah hari

ужин

makan malam

билет

tiket

лифт

lif

почтовая марка

setem

граница

sempadan

таможня

kastam

посольство

kedutaan

виза

visa

паспорт

pasport

транспорт

pengangkutan

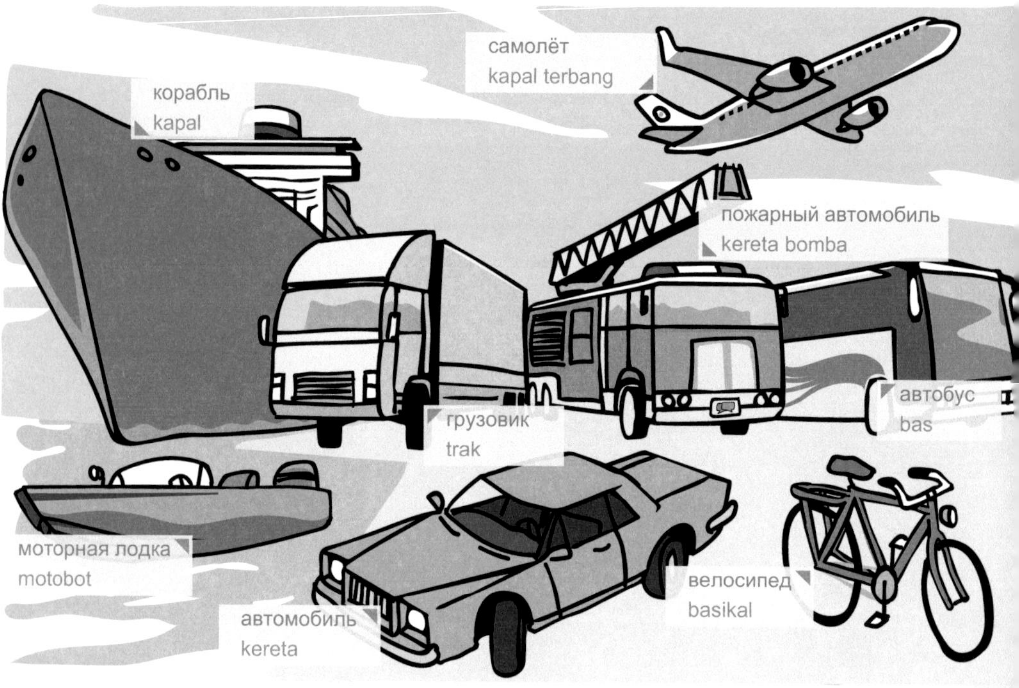
самолёт
kapal terbang
корабль
kapal
пожарный автомобиль
kereta bomba
грузовик
trak
автобус
bas
моторная лодка
motobot
велосипед
basikal
автомобиль
kereta

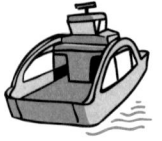

паром

feri

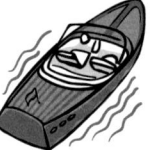

лодка

bot

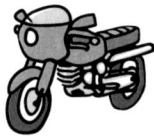

мотоцикл

motosikal

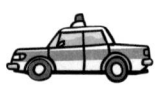

полицейский автомобиль

kereta polis

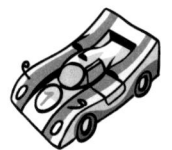

гоночный автомобиль

kereta lumba

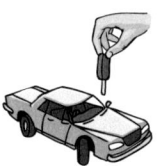

арендованный автомобиль

kereta sewa

совместное пользование
автомобилями

berkongsi kereta

буксировочный
автомобиль
trak tunda

мусоровоз

trak menolak

двигатель

motor

топливо

bahan api

заправка

stesen minyak

дорожный знак

tanda trafik

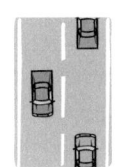

движение

trafik

пробка

kesesakan lalu lintas

автостоянка

tempat parkir

вокзал

stesen kereta api

рельсы

trek

поезд

kereta api

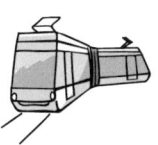

трамвай

trem

вагон

gerabak

вертолёт

helikopter

аэропорт

lapangan terbang

вышка

Menara

пассажир

penumpang

контейнер

bekas

коробка

kadbod

тележка

kart

корзина

bakul

взлетать / приземляться

berlepas / mendarat

город

bandar

деревня

kampung

центр города

pusat bandar

дом

rumah

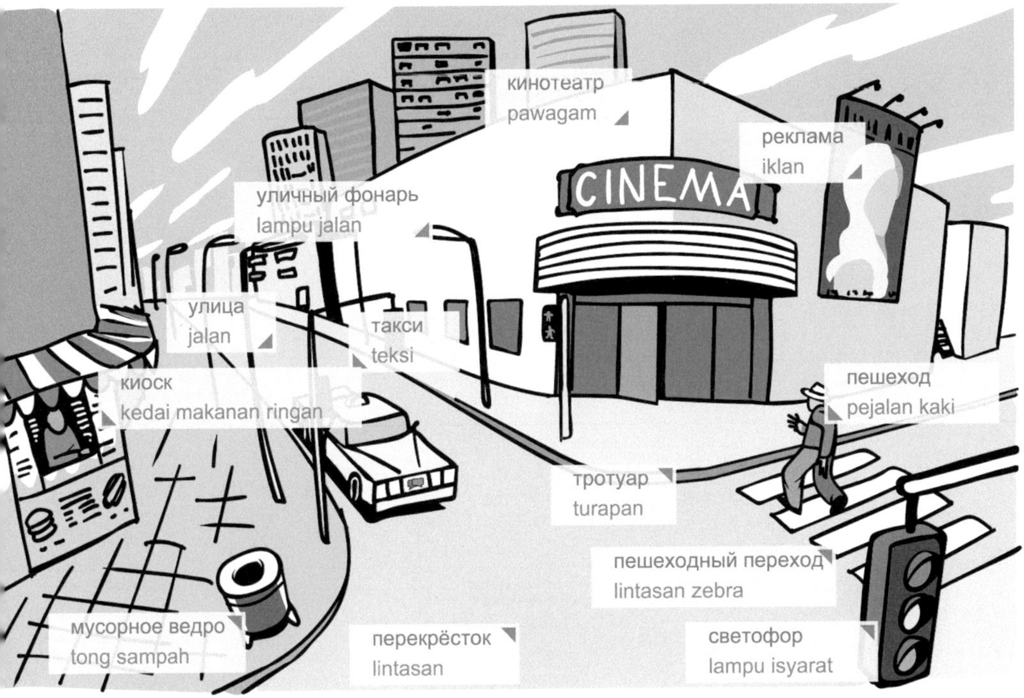

кинотеатр
pawagam

реклама
iklan

CINEMA

уличный фонарь
lampu jalan

улица
jalan

такси
teksi

пешеход
pejalan kaki

киоск
kedai makanan ringan

тротуар
turapan

мусорное ведро
tong sampah

пешеходный переход
lintasan zebra

перекрёсток
lintasan

светофор
lampu isyarat

хижина

pondok

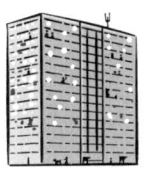

квартира

flat

вокзал

stesen kereta api

ратуша

dewan bandar

музей

muzium

школа

sekolah

университет

universiti

банк

bank

больница

hospital

гостиница

hotel

аптека

farmasi

офис

pejabat

книжный магазин

kedai buku

магазин

kedai

цветочный магазин

kedai bunga

супермаркет

pasar raya

рынок

pasaran

универмаг

gedung

торговец рыбой

penjual ikan

торговый центр

pusat membeli-belah

порт

pelabuhan

парк

taman

скамейка

bangku

мост

jambatan

лестница

tangga

метро

bawah tanah

тоннель

terowong

автобусная остановка

hentian bas

бар

bar

ресторан

restoran

почтовый ящик

peti surat

табличка с названием
улицы

papan tanda jalan

паркометр

meter parkir

зоопарк

zoo

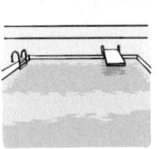

бассейн

kolam renang

мечеть

masjid

ферма

ladang

загрязнение окружающей среды

pencemaran

кладбище

tanah perkuburan

церковь

gereja

детская площадка

taman permainan

храм

kuil

ландшафт
landskap

лист
daun

дорожный указатель
tiang tanda

дорога
jalan

луг
padang rumput

камень
batu

путешественник
pejalan kaki

дерево
pokok

река
sungai

трава
rumput

цветок
bunga

долина

lembah

гора

bukit

озеро

tasik

лес

hutan

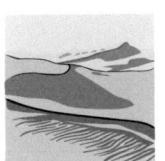

пустыня

padang pasir

вулкан

gunung berapi

замок

istana

радуга

pelangi

гриб

cendawan

пальма

pokok kelapa sawit

комар

nyamuk

муха

terbang

муравей

semut

пчела

lebah

паук

labah-labah

жук

kumbang

лягушка

katak

белка

tupai

еж

landak

заяц

arnab

сова

burung hantu

птица

burung

лебедь

angsa

кабан

babi jantan

олень

rusa

лось

moose

плотина

empangan

ветряной генератор

turbin angin

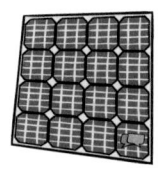

солнечная батарея

panel solar

климат

iklim

ресторан

restoran

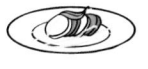

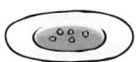

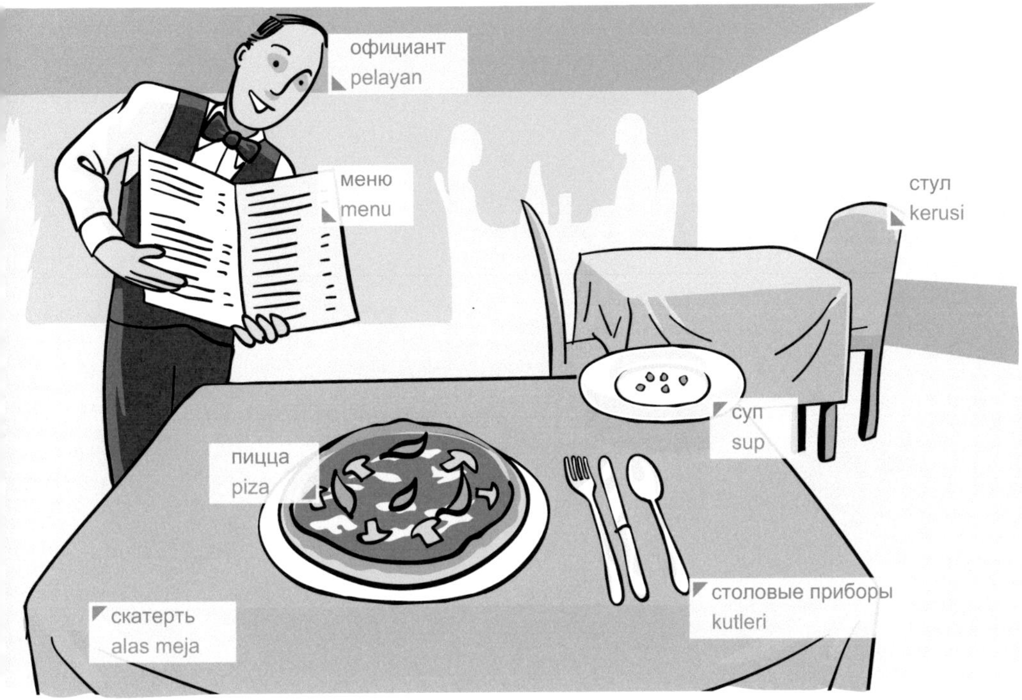
официант
pelayan
меню
menu
стул
kerusi
суп
sup
пицца
piza
столовые приборы
kutleri
скатерть
alas meja

закуска

pemula

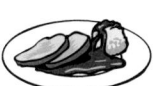

главное блюдо

hidangan utama

десерт

pencuci mulut

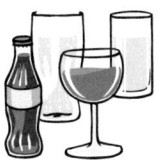

напитки

minuman

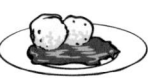

еда

makanan

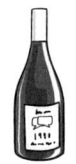

бутылка

botol

фастфуд

makanan segera

уличная еда

makanan jalanan

чайник

teko

сахарница

mangkuk gula

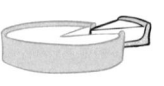

порция

bahagian

кофеварка

mesin espreso

детский стульчик

kerusi tinggi

счет

bil

поднос

dulang

нож

pisau

вилка

garfu

ложка

sudu

чайная ложка

sudu teh

салфетка

serviette

стакан

gelas

тарелка

pinggan

суповая тарелка

mangkuk sup

блюдце

piring

соус

sos

солонка

tempat garam

мельница для перца

pengisar lada

уксус

cuka

масло

minyak

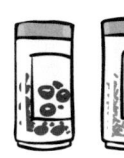

специи

rempah

кетчуп

sos

горчица

mustard

майонез

mayones

супермаркет

pasar raya

специальное предложение
tawaran istimewa
FOR
покупатель
pelanggan
молочные продукты
tenusu
фрукты
buah-buahan
тележка для покупок
troli

BUTCHERS

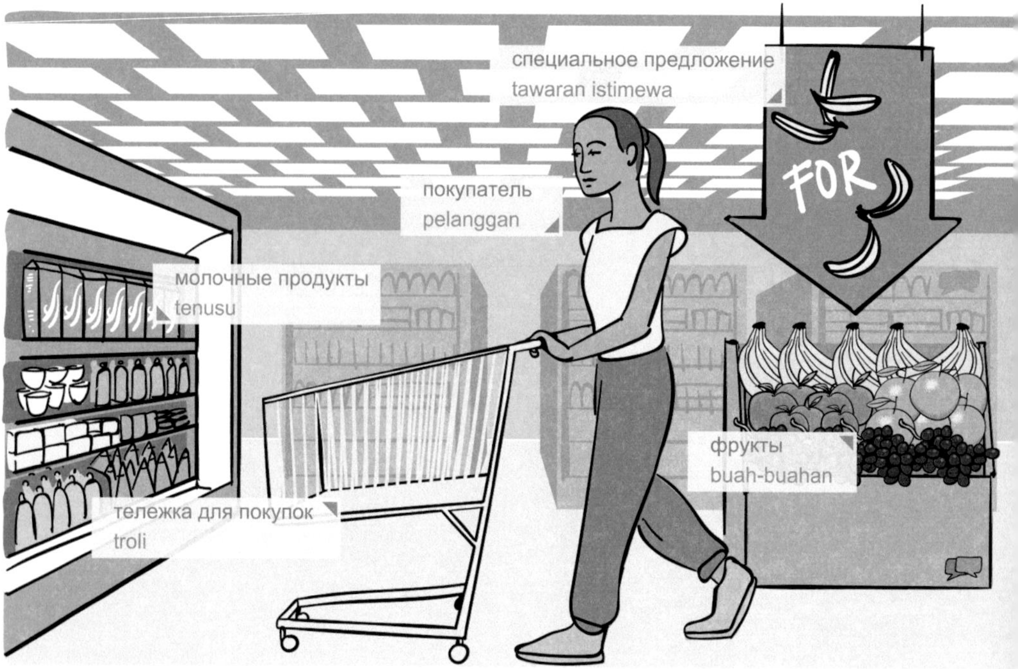

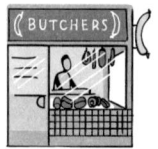

мясной магазин

tukang daging

BAKERY

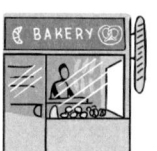

пекарня

kedai roti

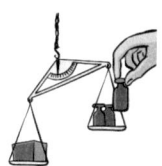

взвешивать

berat

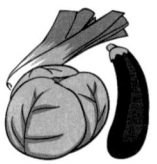

овощи

sayur-sayuran

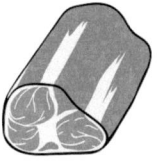

мясо

daging

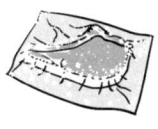

быстрозамороженные продукты

makanan sejuk beku

нарезка

daging sejuk

консервы

makanan dalam tin

стиральный порошок

serbuk pencuci

сладости

gula-gula

предмет домашнего
обихода
produk isi rumah

моющее средство

produk pembersihan

продавщица

orang jualan

касса

daftar tunai

кассир

juruwang

список покупок

senarai membeli-belah

время работы

waktu pembukaan

бумажник

beg duit

кредитная карточка

kad kredit

сумка

beg

полиэтиленовый пакет

beg plastik

вода

air

сок

jus

молоко

susu

кока-кола

kola

вино

wain

пиво

bir

алкоголь

alkohol

какао

koko

чай

the

кофе

kopi

эспрессо

espreso

капучино

kapucino

банан

pisang

яблоко

epal

апельсин

oren

арбуз

tembikai

лимон

lemon

морковь

lobak merah

чеснок

bawang putih

бамбук

buluh

лук

bawang

гриб

cendawan

орехи

kacang

лапша

mi

спагетти

spageti

рис

nasi

салат

salad

картофель фри

kerepek

жареный картофель

kentang goreng

пицца

piza

гамбургер

hamburger

сэндвич

sandwic

шницель

kutlet

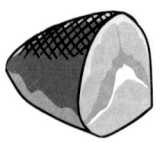

ветчина

ham

салями

salami

колбаса

sosej

курица

ayam

жаркое

panggang

рыба

ikan

овсяные хлопья

bubur oat

мюсли

muesli

кукурузные хлопья

emping jagung

мука

tepung

круассан

kroisan

булочка

roti roll

хлеб

roti

тост

roti bakar

печенье

biskut

масло

mentega

творог

dadih

пирог

kek

яйцо

telur

яичница

telur goreng

сыр

keju

мороженое

ais krim

сахар

gula

мёд

madu

мармелад

jem

крем с нугой

krim nougat

карри

kari

ферма
ladang

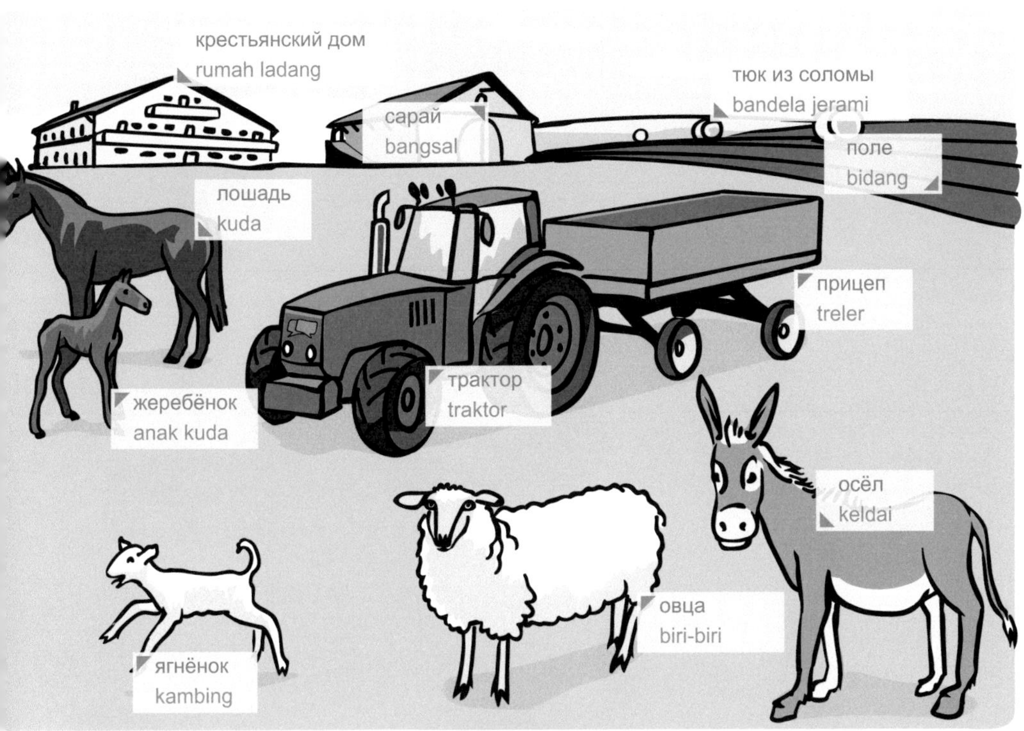

крестьянский дом
rumah ladang
сарай
bangsal
тюк из соломы
bandela jerami
поле
bidang
лошадь
kuda
прицеп
treler
трактор
traktor
жеребёнок
anak kuda
осёл
keldai
овца
biri-biri
ягнёнок
kambing

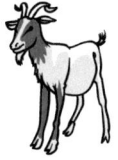

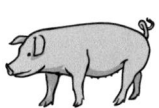

коза

kambing

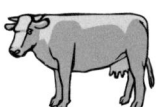

корова

lembu

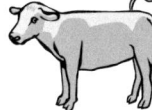

телёнок

anak lembu

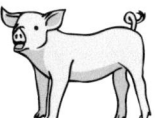

свинья

babi

поросёнок

anak babi

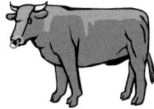

бык

lembu

гусь

angsa

утка

itik

цыплёнок

anak ayam

курица

ayam betina

петух

ayam jantan muda

крыса

tikus

кошка

kucing

мышь

tikus

вол

lembu jantan

собака

anjing

конура

rumah anjing

садовый шланг

hos taman

лейка

bekas siraman

коса

sabit

плуг

bajak

серп

sabit

мотыга

cangkul

навозные вилы

serampang peladang

топор

kapak

тачка

kereta sorong

корыто

palung

бидон для молока

tin susu

мешок

karung

забор

pagar

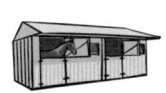

хлев

stabil

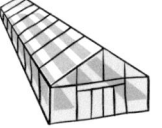

теплица

rumah hijau

почва

tanah

посев

benih

удобрение

baja

комбайн

jentuai

собирать урожай

tuai

урожай

menuai

ямс

keladi

пшеница

gandum

соя

soya

картофель

kentang

кукуруза

jagung

рапс

biji sawi

фруктовое дерево

pokok buah-buahan

маниок

ubi kayu

злаки

bijirin

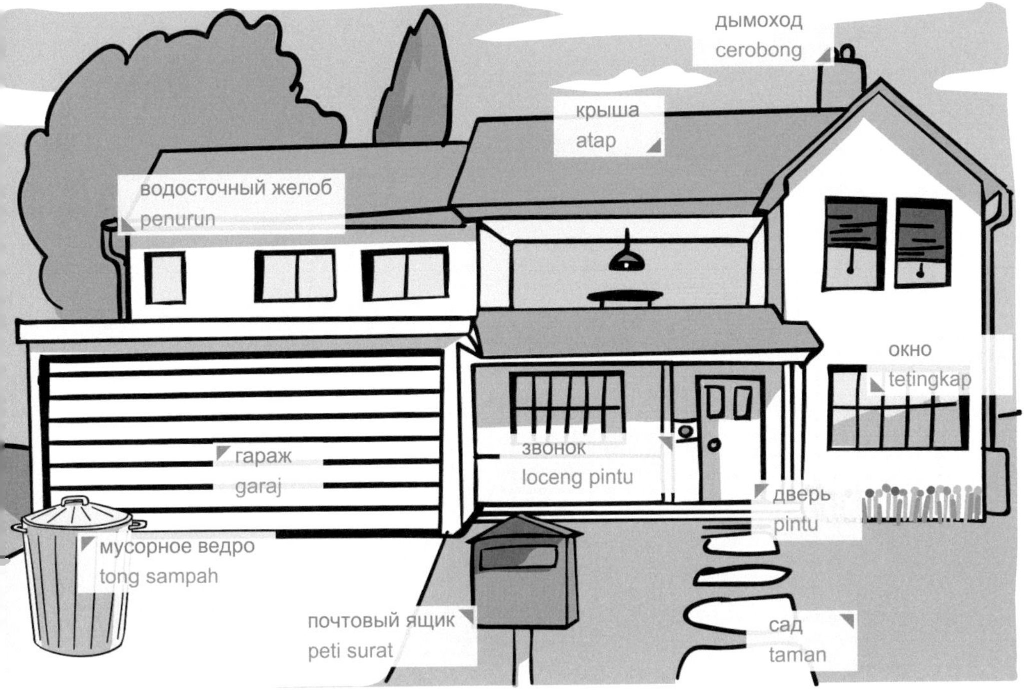

дымоход
cerobong

крыша
atap

водосточный желоб
penurun

окно
tetingkap

гараж
garaj

звонок
loceng pintu

дверь
pintu

мусорное ведро
tong sampah

почтовый ящик
peti surat

сад
taman

гостиная

ruang tamu

ванная комната

bilik air

кухня

dapur

спальня

bilik tidur

детская комната

bilik kanak-kanak

столовая

ruang makan

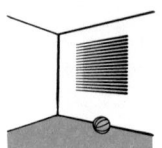

пол

lantai

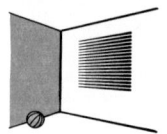

стена

dinding

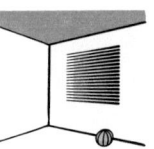

потолок

siling

подвал

bilik bawah tanah

сауна

sauna

балкон

balkoni

терраса

teres

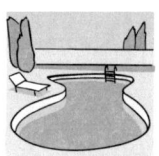

бассейн

kolam renang

газонокосилка

pemotong rumput

пододеяльник

lembaran

покрывало

penutup tilam

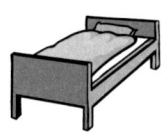

кровать

katil

метла

penyapu

ведро

timba

выключатель

suis

гостиная

ruang tamu

обои
kertas dinding
рисунок
gambar
лампа
lampu
полка
rak
шкаф
kabinet
телевизор
televisyen
камин
pendiangan
цветок
bunga
подушка
kusyen
диван
sofa
ваза
pasu
пульт дистанционного управления
alat kawalan jauh

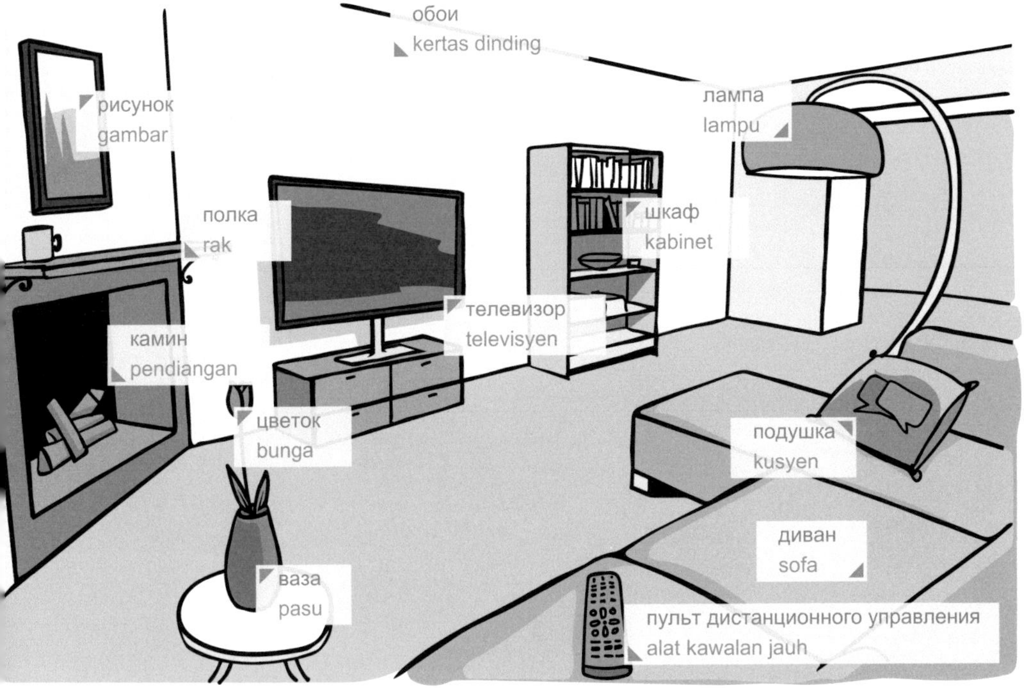

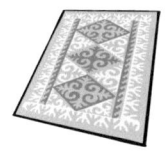

ковёр

permaidani

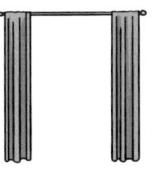

штора

tirai

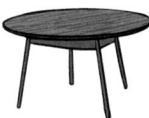

стол

meja

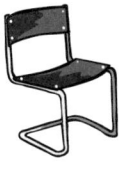

стул

kerusi

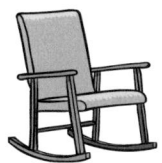

кресло-качалка

kerusi malas

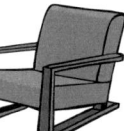

кресло

kerusi

книга

buku

покрывало

selimut

украшение

hiasan

дрова

kayu api

фильм

filem

стереосистема

hi-fi

ключ

kunci

газета

akhbar

картина

lukisan

плакат

poster

радио

radio

блокнот

buku catatan

пылесос

penyedut habuk

кактус

kaktus

свеча

lilin

кухня
dapur

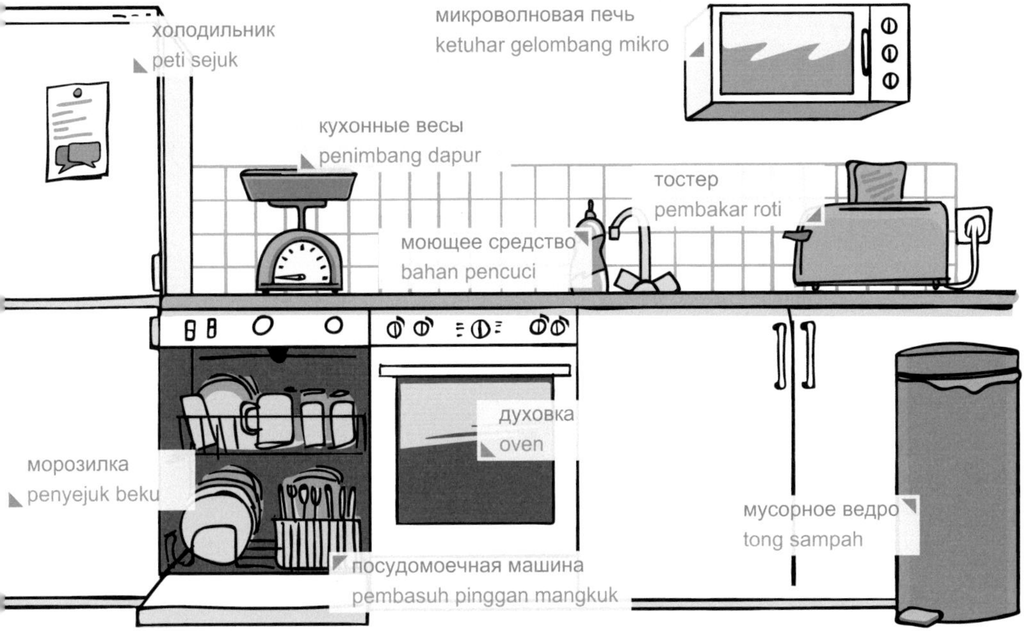

холодильник
peti sejuk
микроволновая печь
ketuhar gelombang mikro
кухонные весы
penimbang dapur
тостер
pembakar roti
моющее средство
bahan pencuci
духовка
oven
морозилка
penyejuk beku
мусорное ведро
tong sampah
посудомоечная машина
pembasuh pinggan mangkuk

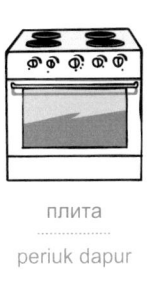

плита

periuk dapur

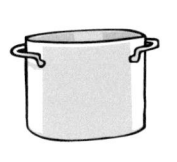

кастрюля

periuk

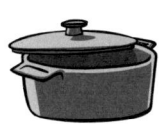

чугунный котелок

periuk besi

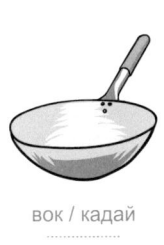

вок / кадай

kuali

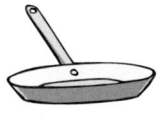

сковорода

pan

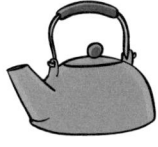

чайник

cerek

пароварка

pengukus

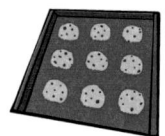

противень

dulang pembakar

посуда

pinggan mangkuk

кружка

koleh

миска

mangkuk

палочки для еды

penyepit

половник

senduk

лопатка

spatula

сбивалка

pengadun

сито

penapis

сито

ayak

тёрка

pemarut

ступка

mortar

гриль

barbeku

костёр

pembakaran terbuka

доска

papan pencincang

скалка

pin golekan

штопор

skru gabus

жестяная банка

tin

консервный нож

pembuka tin

прихватка

pemegang periuk

раковина

sinki

щетка

berus

губка

span

миксер

pengisar

морозильная камера

penyejuk beku

бутылочка для кормления

botol bayi

кран

paip

bilik air

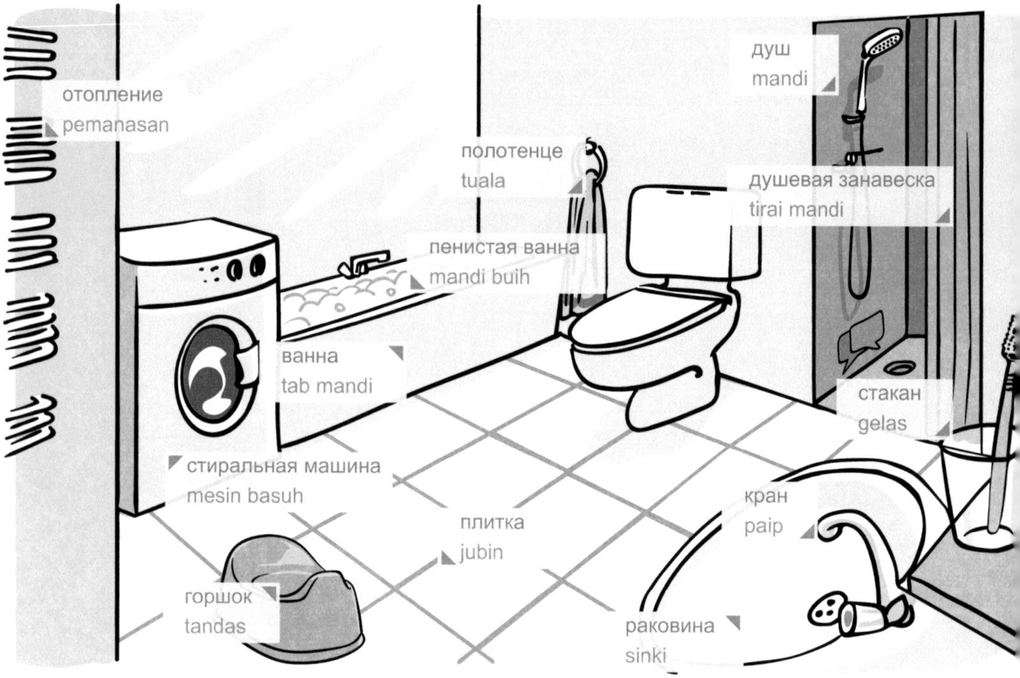
отопление
pemanasan
полотенце
tuala
душ
mandi
душевая занавеска
tirai mandi
пенистая ванна
mandi buih
ванна
tab mandi
стакан
gelas
стиральная машина
mesin basuh
кран
paip
плитка
jubin
горшок
tandas
раковина
sinki

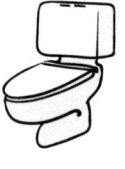

туалет
tandas

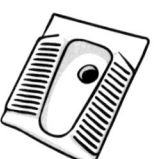

напольный унитаз
tandas mencangkung

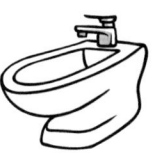

биде
mangkuk tandas

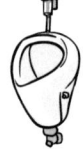

писсуар
tandas awam

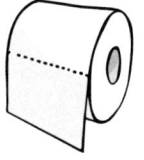

туалетная бумага
kertas tandas

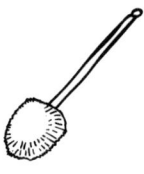

ершик
berus tandas

зубная щетка

berus gigi

зубная паста

ubat gigi

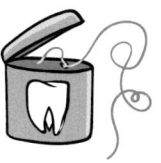

зубная нить

flos gigi

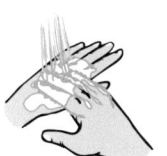

мыть

cuci

ручной душ

mandian tangan

интимный душ

pancuran

таз

besen

щетка для спины

belakang berus

мыло

sabun

гель для душа

gel mandian

шампунь

syampu

мочалка

flanel

сток

longkang

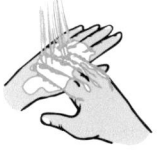

крем

krim

дезодорант

deodoran

зеркало

cermin

ручное зеркало

cermin tangan

бритва

pisau cukur

пена для бритья

busa cukur

лосьон после бритья

selepas cukur

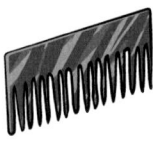

расческа

sikat

щетка

berus

фен

pengering rambut

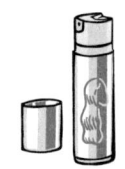

лак для волос

semburan rambut

косметика

mekap

губная помада

gincu

лак для ногтей

varnis kuku

вата

bulu kapas

маникюрные ножницы

gunting kuku

духи

pewangi

косметичка

beg basuhan

табуретка

bangku

весы

skala berat

халат

jubah mandi

резиновые перчатки

sarung tangan getah

тампон

kapas

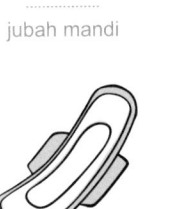

гигиеническая прокладка

tuala wanita

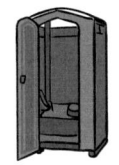

биотуалет

tandas kimia

детская комната
bilik kanak-kanak

будильник
jam loceng
мягкая игрушка
mainan kegemaran
игрушечный автомобиль
kereta mainan
погремушка
kerincing bayi
кукольный домик
rumah anak patung
подарок
hadiah

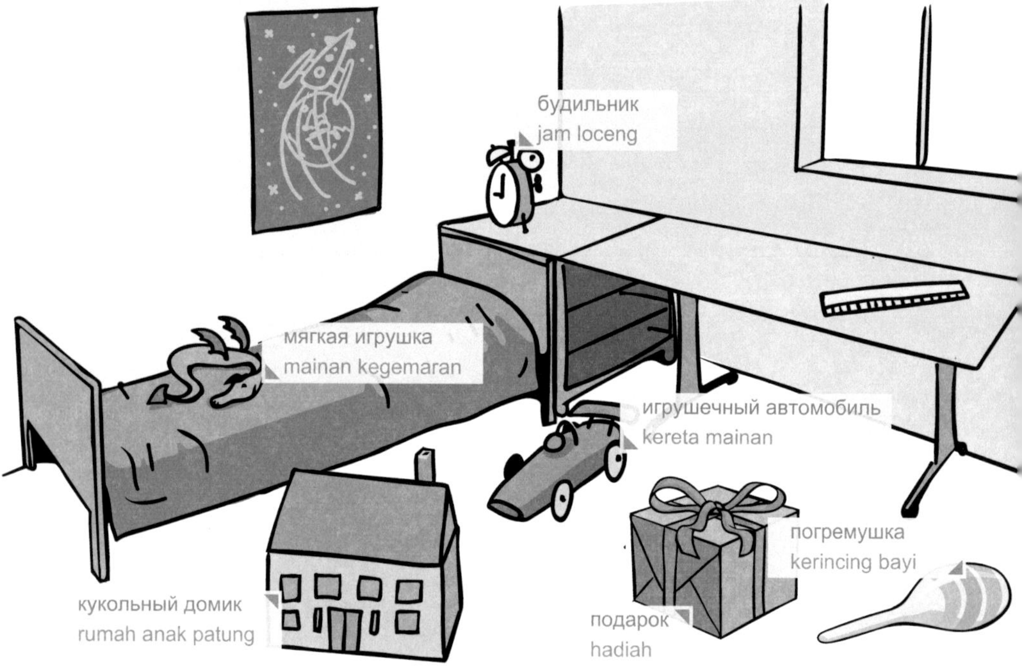

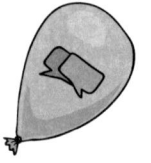

воздушный шар

belon

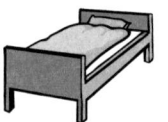

кровать

katil

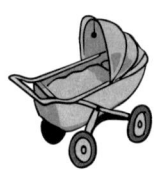

детская коляска

kereta sorong bayi

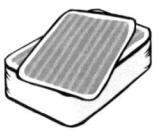

карточная игра

set kad

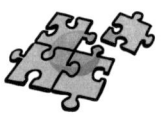

пазл

susun suai gambar

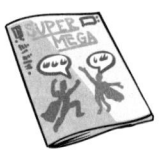

комикс

komik

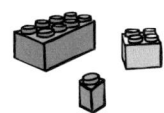

кирпичики Лего

batu bata lego

кубики

blok mainan

игрушечная фигурка

figura aksi

ползунки

baju bayi

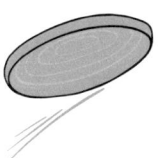

фрисби

frisbee

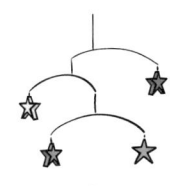

мобиле

mainan bayi mudah alih

настольная игра

permainan papan

кубик

dadu

модель железной дороги

set model kereta api

соска

palsu

вечеринка

parti

книга с картинками

buku bergambar

мяч

bola

кукла

anak patung

играть

main

песочница

lubang pasir

качели

buai

игрушка

mainan

игровая приставка

konsol permainan video

трёхколесный велосипед

basikal roda tiga

плюшевый медвежонок

anak patung beruang

шкаф для одежды

almari pakaian

одежда

pakaian

носки

stoking

чулки

stoking

колготки

ketat

шарф
skarf

зонтик
payung

футболка
kemeja-t

keselamatan

сапоги
but

тапки
selipar

кроссовки
kasut sukan

сандалии
sandal

ботинки
kasut

резиновые сапоги
but getah

трусы
seluar dalam

бюстгальтер
coli

майка
ves

боди

badan

брюки

Seluar panjang

джинсы

jean

юбка

skirt

блузка

blaus

рубашка

kemeja

свитер

baju panas sarung

свитер

sweater

спортивная куртка

blazer

жакет

jaket

пальто

kot

плащ

baju hujan

костюм

kostum

платье

pakaian

свадебное платье

baju pengantin

мужской костюм

sut

ночная сорочка

baju tidur

пижама

baju tidur

сари

sari

платок

skarf kepala

тюрбан

serban

паранджа

burqa

кафтан

kaftan

абайя

abaya/jubah

купальник

baju renang

плавки

seluar renang

шорты

seluar pendek

спортивный костюм

sut balapan

фартук

apron

перчатки

sarung tangan

пуговица

butang

очки

cermin mata

браслет

gelang tangan

цепочка

rantai leher

кольцо

cincin

серьга

subang

шапка

topi

вешалка

penyangkut kot

шляпа

topi

галстук

tali leher

застежка молния

zip

шлем

topi keledar

подтяжки

pendakap

школьная форма

uniform sekolah

форма

seragam

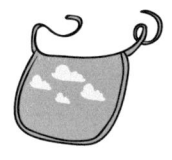

детский нагрудник

lapik dada

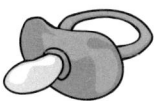

соска

palsu

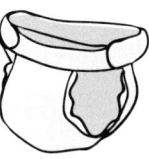

подгузник

lampin

офис

pejabat

сервер
pelayan
канцелярский шкаф
kabinet fail
принтер
mesin pencetak
бумага
kertas
монитор
monitor
мышь
tetikus
письменный стол
meja
папка
folder
клавиатура
papan kekunci
корзина для бумаг
bakul sampah
компьютер
komputer
стул
kerusi

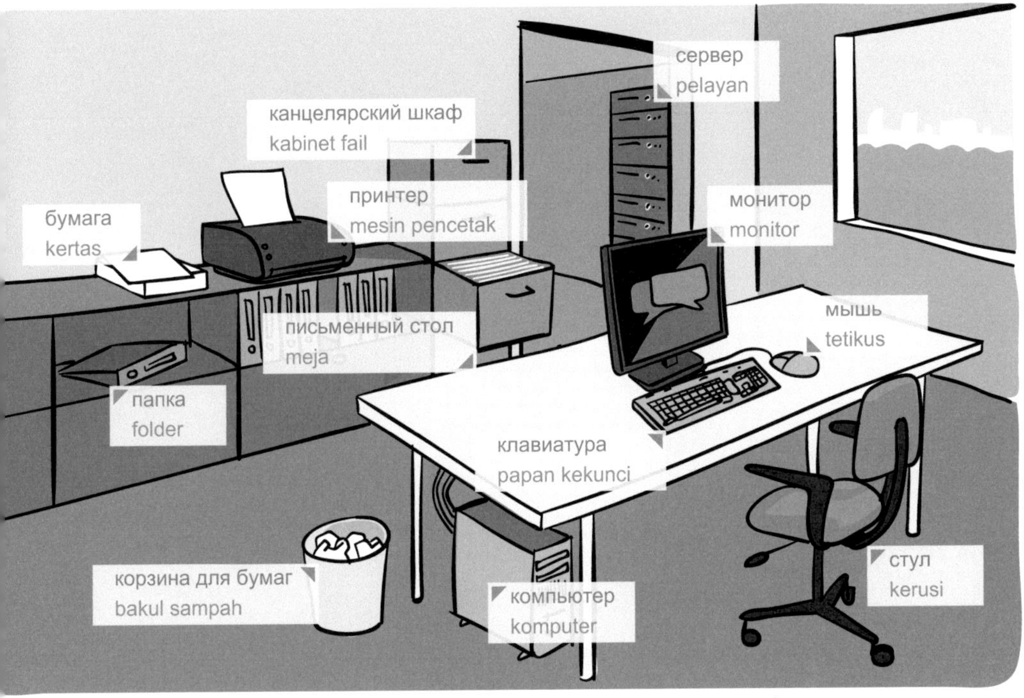

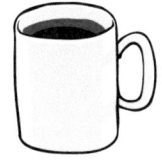

кофейная кружка

cawan kopi

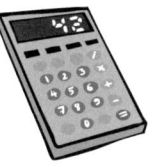

калькулятор

kalkulator

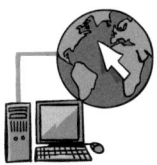

интернет

internet

ноутбук

komputer riba

письмо

surat

сообщение

mesej

мобильный телефон

mudah alih

сеть

rangkaian

ксерокс

mesin fotokopi

программа

perisian

телефон

telefon

розетка

soket plag

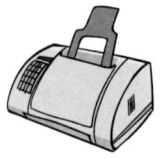

факс

mesin faks

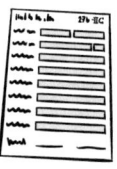

формуляр

bentuk

документ

dokumen

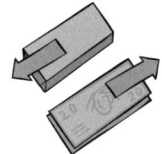

покупать

beli

платить

bayar

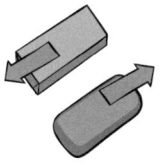

торговать

berdagang

деньги

wang

доллар

dolar

евро

euro

иена

yen

рубль

rubel

франк

franc swiss

жэньминьби юань

renminbi yuan

рупия

rupee

банкомат

mata tunai

пункт обмена валюты

pejabat tukaran mata wang

золото

emas

серебро

perak

нефть

minyak

энергия

tenaga

цена

harga

договор

kontrak

налог

cukai

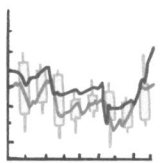

акция

stok

работать

kerja

служащий

pekerja

работодатель

majikan

фабрика

kilang

магазин

kedai

профессии
pekerjaan

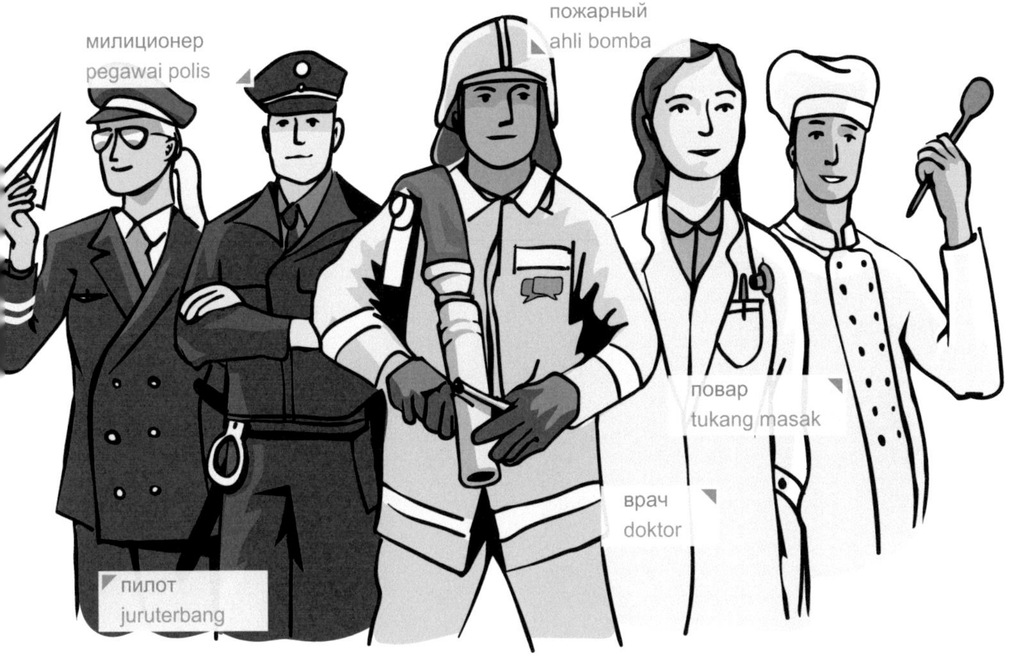
милиционер
pegawai polis
пожарный
ahli bomba
повар
tukang masak
врач
doktor
пилот
juruterbang

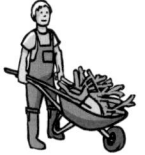

садовник

tukang kebun

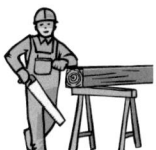

столяр

tukang kayu

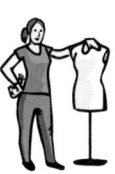

швея

tukang jahit

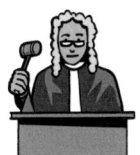

судья

hakim

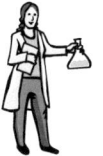

химик

ahli kimia

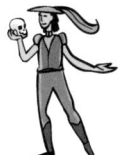

актёр

pelakon

водитель автобуса

pemandu bas

таксист

pemandu teksi

рыбак

nelayan

уборщица

wanita pencuci

кровельщик

kasau

официант

pelayan

охотник

pemburu

художник

pelukis

пекарь

bakeri

электрик

juruelektrik

строитель

pembangun

инженер

jurutera

мясник

penjual daging

сантехник

tukang paip

почтальон

posmen

солдат

askar

архитектор

arkitek

кассир

juruwang

флорист

kedai bunga

парикмахер

pendandan rambut

кондуктор

konduktor

механик

mekanik

капитан

kapten

зубной врач

doktor gigi

ученый

ahli sains

раввин

tuhanku

имам

imam

монах

sami

священник

paderi

инструменты

alat

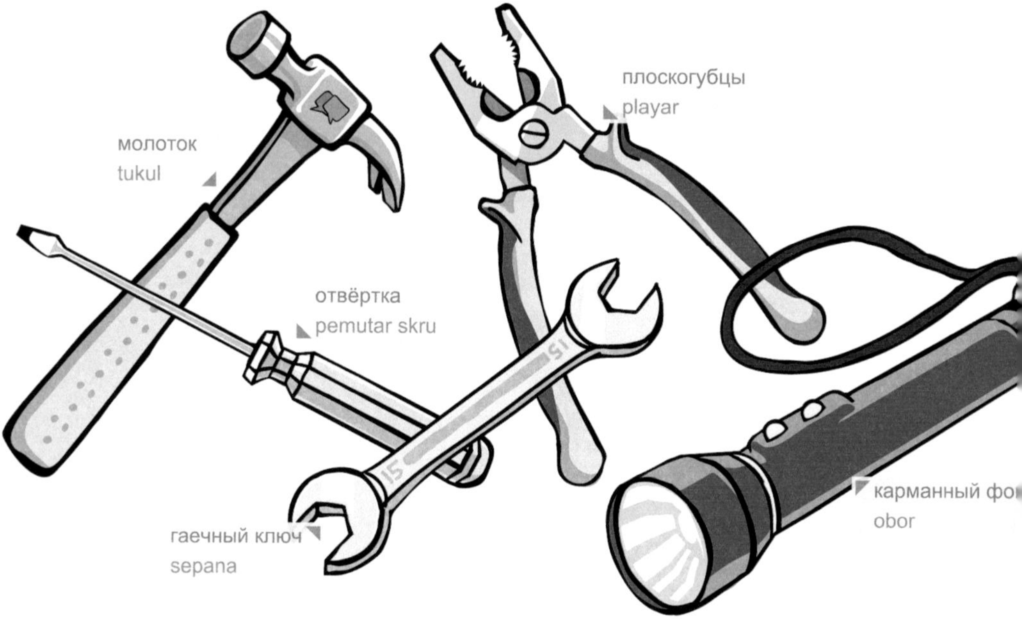

молоток
tukul
плоскогубцы
playar
отвёртка
pemutar skru
гаечный ключ
sepana
карманный фо
obor

экскаватор

pengorek

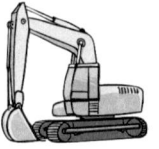

ящик для инструментов

kotak peralatan

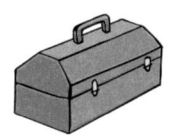

стремянка

tangga

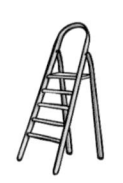

пила

gergaji

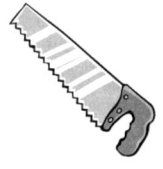

гвозди

kuku

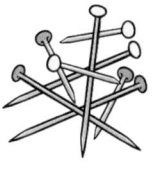

дрель

gerudi

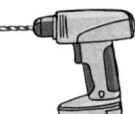

ремонтировать

baiki

лопата

penyodok

Блин!

Celaka!

совок

penadah sampah

ведро с краской

periuk cat

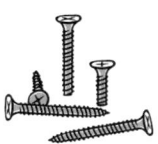

винты

skru

музыкальные инструменты
alat muzik

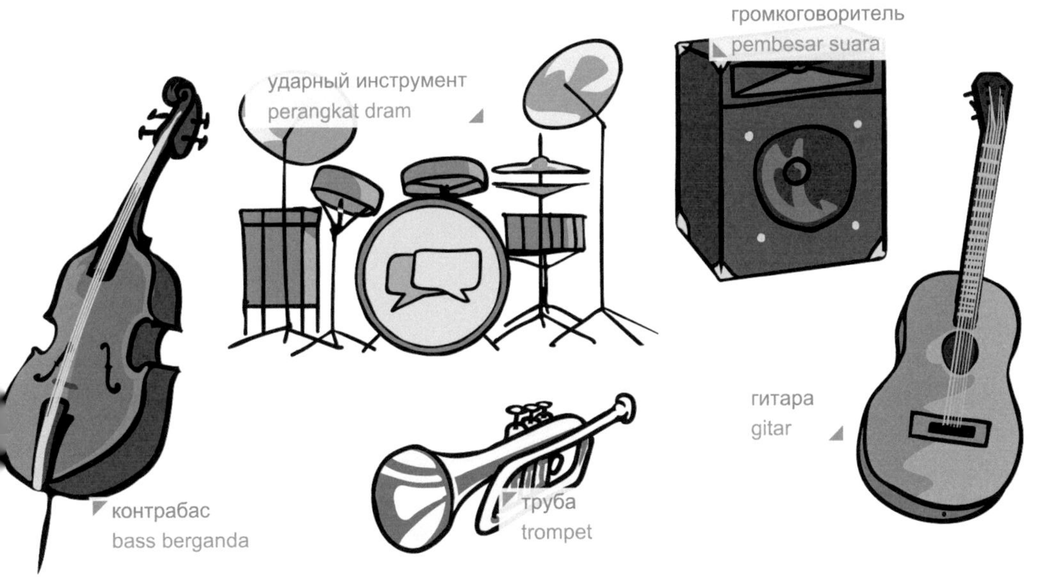

громкоговоритель
pembesar suara

ударный инструмент
perangkat dram

гитара
gitar

контрабас
bass berganda

труба
trompet

пианино

piano

скрипка

biola

бас-гитара

bass

литавры

timpani

барабан

dram

синтезатор

papan kekunci

саксофон

saksofon

флейта

seruling

микрофон

mikrofon

зоопарк

zoo

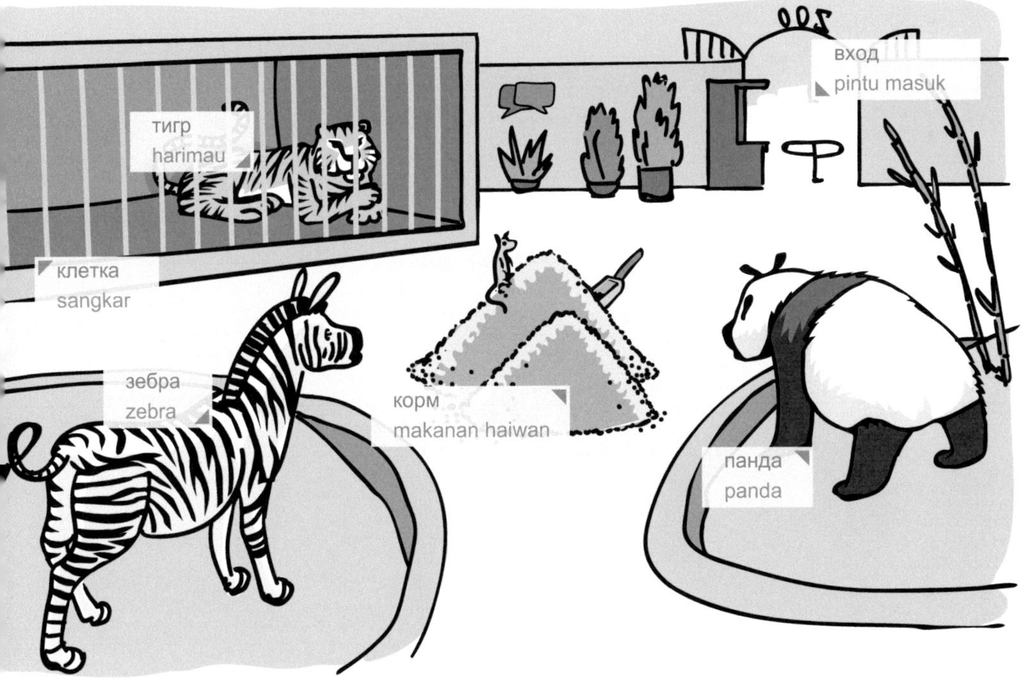

zoo
вход
pintu masuk
тигр
harimau
клетка
sangkar
зебра
zebra
корм
makanan haiwan
панда
panda

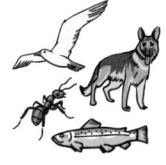

животные

haiwan

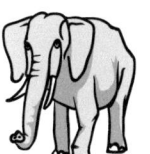

слон

gajah

кенгуру

kanggaru

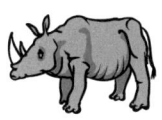

носорог

badak sumbu

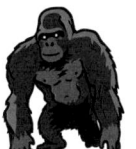

горилла

gorila

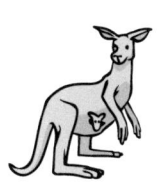

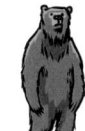

медведь

beruang

верблюд

unta

страус

burung unta

лев

singa

обезьяна

monyet

фламинго

flamingo

попугай

nuri

белый медведь

beruang kutub

пингвин

penguin

акула

yu

павлин

merak

змея

ular

крокодил

buaya

служитель зоопарка

penjaga zoo

тюлень

anjing laut

ягуар

jaguar

пони

kuda

леопард

harimau

бегемот

badak air

жираф

zirafah

орёл

helang

кабан

babi jantan

рыба

ikan

черепаха

penyu

морж

anjing laut

лиса

musang

газель

rusa

американский футбол
bola sepak Amerika

езда на велосипеде
berbasikal

теннис
tenis

баскетбол
bola keranjang

плавание
renang

бокс
tinju

хоккей
hoki ais

футбол

bola sepak

бадминтон

badminton

лёгкая атлетика

olahraga

гандбол

bola baling

лыжный спорт

ski

поло

polo

прыгать
lompat

обнимать
peluk

смеяться
ketawa

идти
berjalan

петь
menyanyi

мечтать
mimpi

молиться
berdoa

целовать
cium

писать
tulis

рисовать
lukis

показывать
tunjuk

нажимать
tolak

давать
beri

брать
ambil

иметь

ada

делать

buat

быть

ialah

стоять

berdiri

бежать

lari

тянуть

tarik

бросать

buang

падать

jatuh

лежать

tipu

ждать

tunggu

носить

bawa

сидеть

duduk

надевать

pakai

спать

tidur

просыпаться

bangkit

рассматривать

lihat pada

плакать

menangis

гладить

strok

причесывать

sikat

говорить

cakap

понимать

faham

спрашивать

tanya

слушать

dengar

пить

minum

кушать

makan

наводить порядок

mengemas

любить

sayang

готовить

masak

ехать

pandu

летать

terbang

ходить под парусом

belayar

считать

kira

читать

baca

учиться

belajar

работать

kerja

вступать в брак

nikah

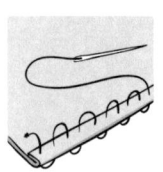

шить

jahit

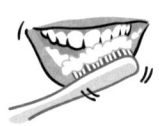

чистить зубы

memberus gigi

убивать

bunuh

курить

asap

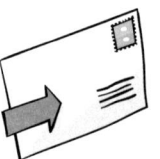

отправлять

hantar

семья
keluarga

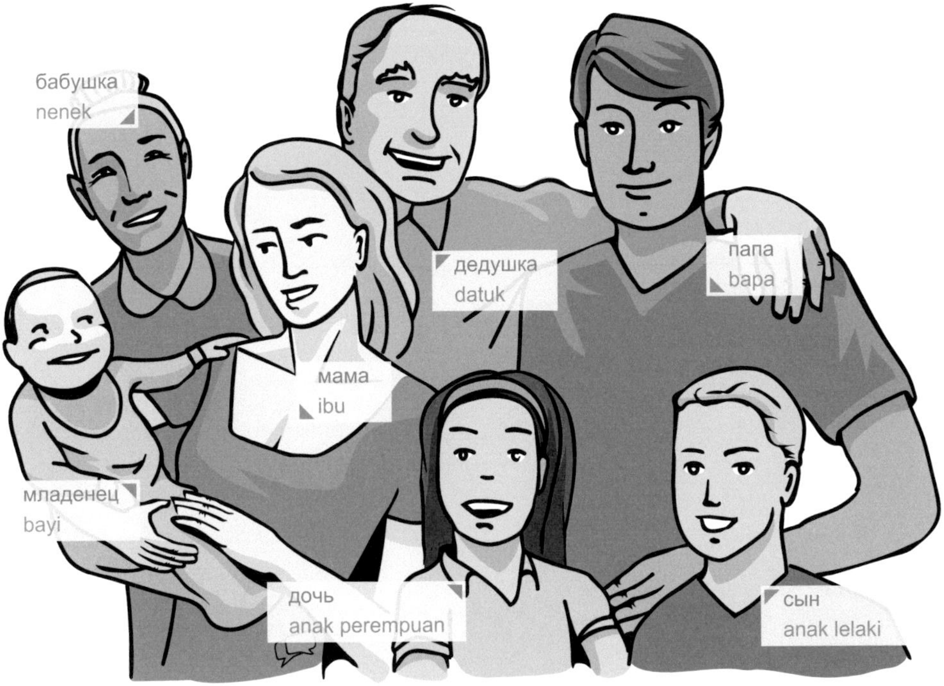
бабушка
nenek
дедушка
datuk
папа
bapa
мама
ibu
младенец
bayi
дочь
anak perempuan
сын
anak lelaki

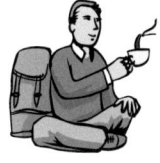

гость

tetamu

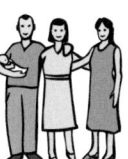

тетя

mak cik

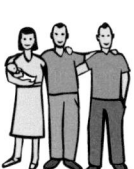

дядя

pak cik

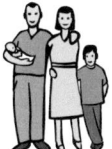

брат

abang

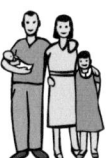

сестра

kakak

тело

badan

лоб
dahi
глаз
mata
плечо
bahu
палец
jari
лицо
muka
подбородок
dagu
кисть
tangan
нога
kaki
грудь
dada
рука
lengan

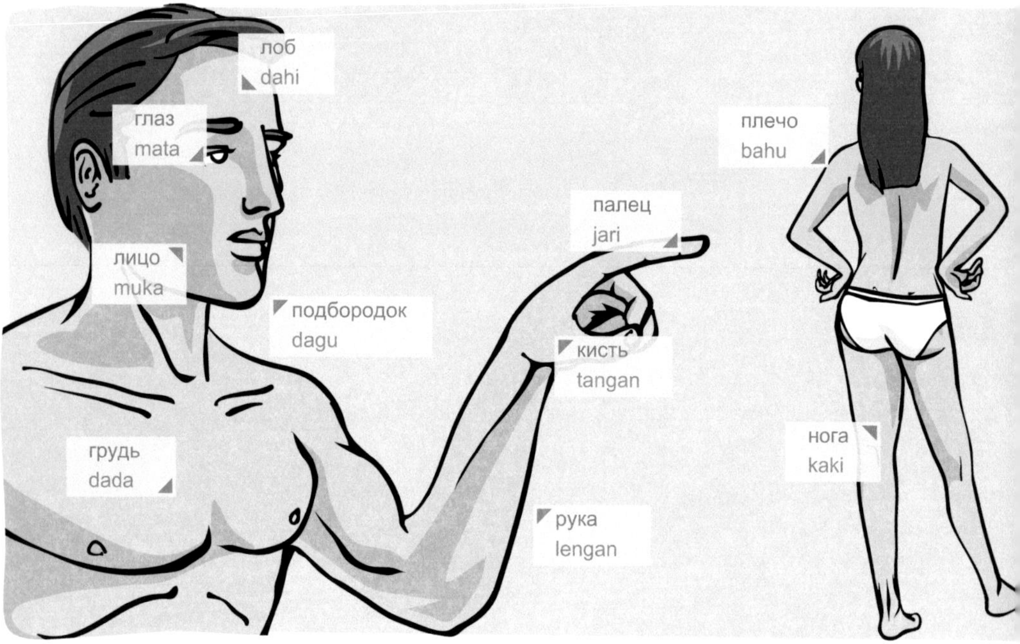

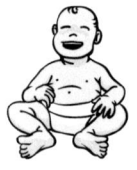

младенец

bayi

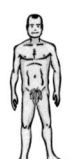

мужчина

lelaki

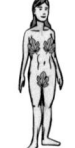

женщина

wanita

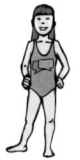

девочка

perempuan

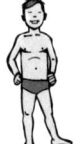

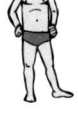

мальчик

lelaki

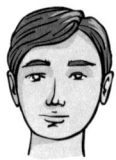

голова

kepala

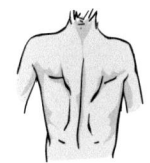

спина

belakang

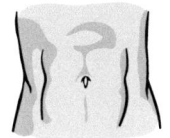

живот

bawah perut

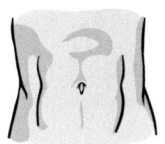

пупок

pusat

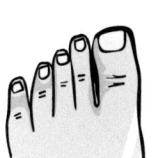

палец ноги

jari kaki

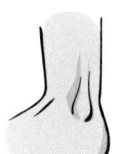

пятка

tumit

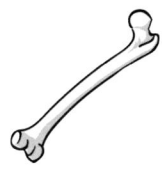

кость

tulang

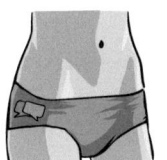

бедро

pinggul

колено

lutut

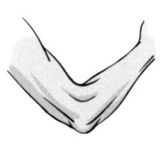

локоть

siku

нос

hidung

ягодицы

bawah

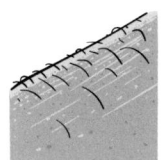

кожа

kulit

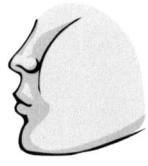

щека

pipi

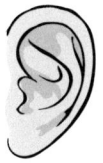

ухо

telinga

губа

bibir

рот

mulut

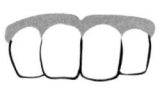

зуб

gigi

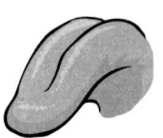

язык

lidah

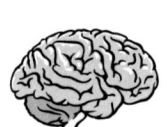

мозг

otak

сердце

hati

мышца

otot

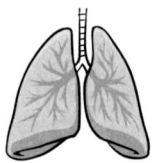

лёгкое

paru-paru

печень

hati

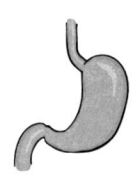

желудок

perut

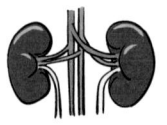

почки

buah pinggang

половой акт

seks

презерватив

kondom

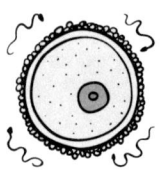

яйцеклетка

faraj

сперма

mani

беременность

mengandung

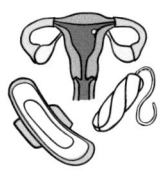

менструация

haid

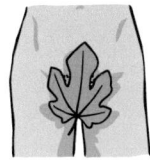

вагина

faraj

пенис

penis

бровь

kening

волосы

rambut

шея

leher

больница
hospital

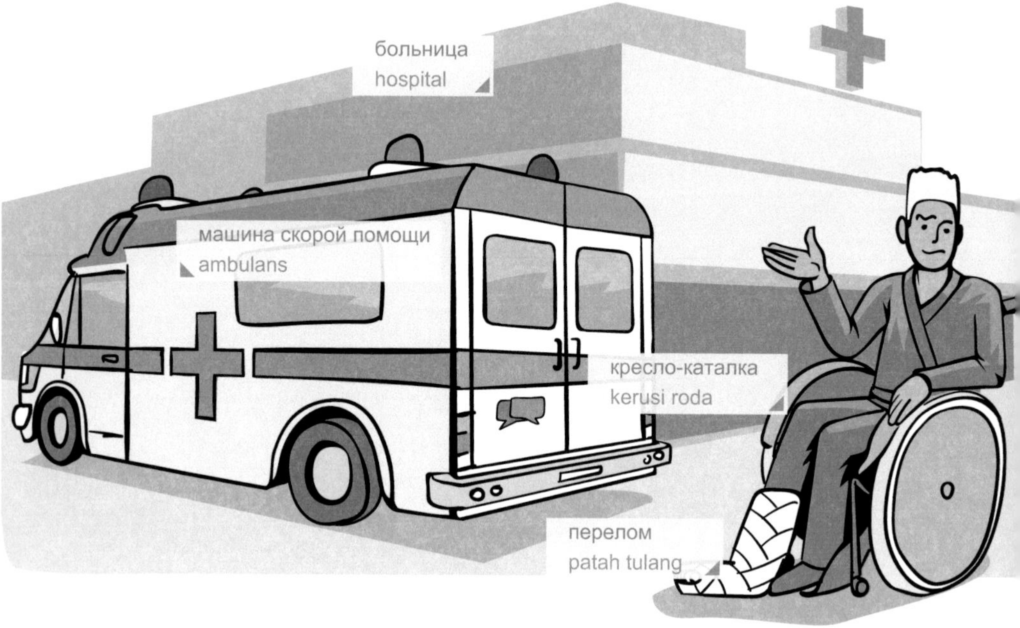

больница
hospital
машина скорой помощи
ambulans
кресло-каталка
kerusi roda
перелом
patah tulang

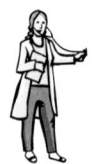

врач

doktor

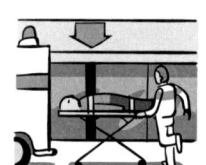

пункт первой помощи

bilik kecemasan

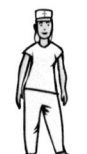

медсестра

jururawat

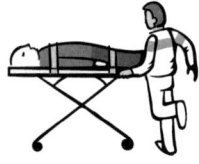

неотложный случай

kecemasan

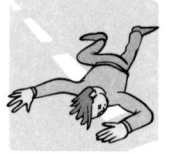

без сознания

tak sedar

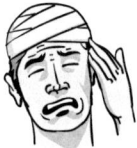

боль

sakit

повреждение

kecederaan

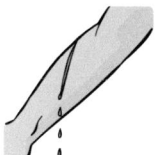

кровотечение

pendarahan

инфаркт

serangan jantung

инсульт

strok

аллергия

alergi

кашель

batuk

овышенная температура

demam

грипп

selesema

понос

cirit-birit

головная боль

sakit kepala

рак

kanser

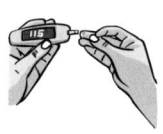

диабет

diabetes

хирург

pakar bedah

скальпель

pisau bedah

операция

pembedahan

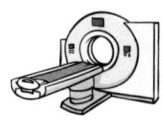

КТ
CT

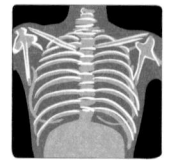

рентген
x-ray

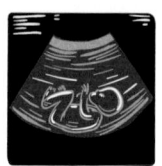

ультразвук
ultrabunyi

маска
topeng muka

болезнь
penyakit

приёмная
bilik menunggu

костыль
penongkat

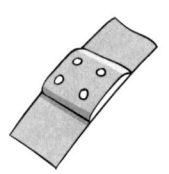

пластырь
plaster

бинт
pembalut

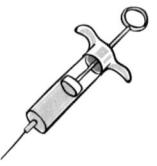

укол
suntikan

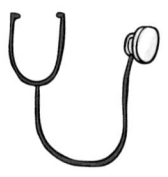

стетоскоп
stetoskop

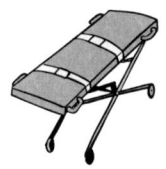

носилки
pengusung

термометр
termometer klinik

рождение
kelahiran

избыточный вес
berat badan berlebihan

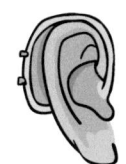

слуховой аппарат

alat pendengaran

дезинфекционное средство

disinfektan

инфекция

jangkitan

вирус

virus

ВИЧ / СПИД

HIV / AIDS

лекарство

perubatan

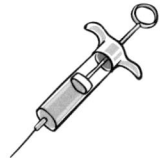

прививка

vaksinasi

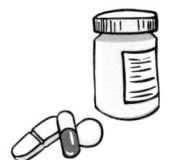

таблетки

tablet

противозачаточная таблетка

pil

экстренный вызов

panggilan kecemasan

прибор для измерения кровяного давления

pantau tekanan darah

больной / здоровый

sakit / sihat

Помогите!

Tolong!

сигнал тревоги

penggera

нападение

serang

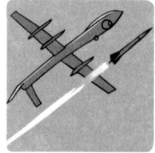

атака

serangan

опасность

bahaya

запасной выход

pintu kecemasan

Пожар!

Api!

огнетушитель

alat pemadam api

несчастный случай

kemalangan

аптечка

alat pertolongan cemas

SOS

SOS

милиция

polis

Европа

Eropah

Северная Америка

Amerika Utara

Южная Америка

Amerika Selatan

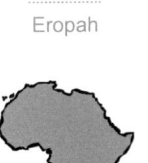

Африка

Afrika

Азия

Asia

Австралия

Australia

Атлантический океан

Atlantic

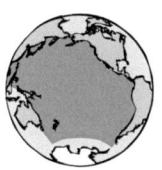

Тихий океан

Pasifik

Индийский океан

Lautan Hindi

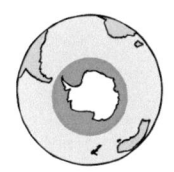

Антарктический океан

Lautan Antartik

Северный Ледовитый
океан

Lautan Artik

Северный полюс

Kutub utara

Южный полюс

Kutub Selatan

Антарктика

Antartika

земля

bumi

суша

tanah

море

laut

остров

pulau

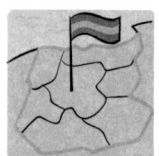

нация

negara

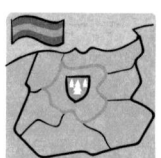

государство

negeri

циферблат

muka jam

часовая стрелка

tangan jam

минутная стрелка

tangan minit

секундная стрелка

terpakai

Который час?

Jam berapa sekarang

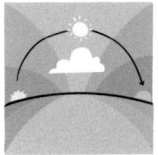

день

hari

время

masa

сейчас

sekarang

электронные часы

jam digital

минута

minit

час

jam

неделя

minggu

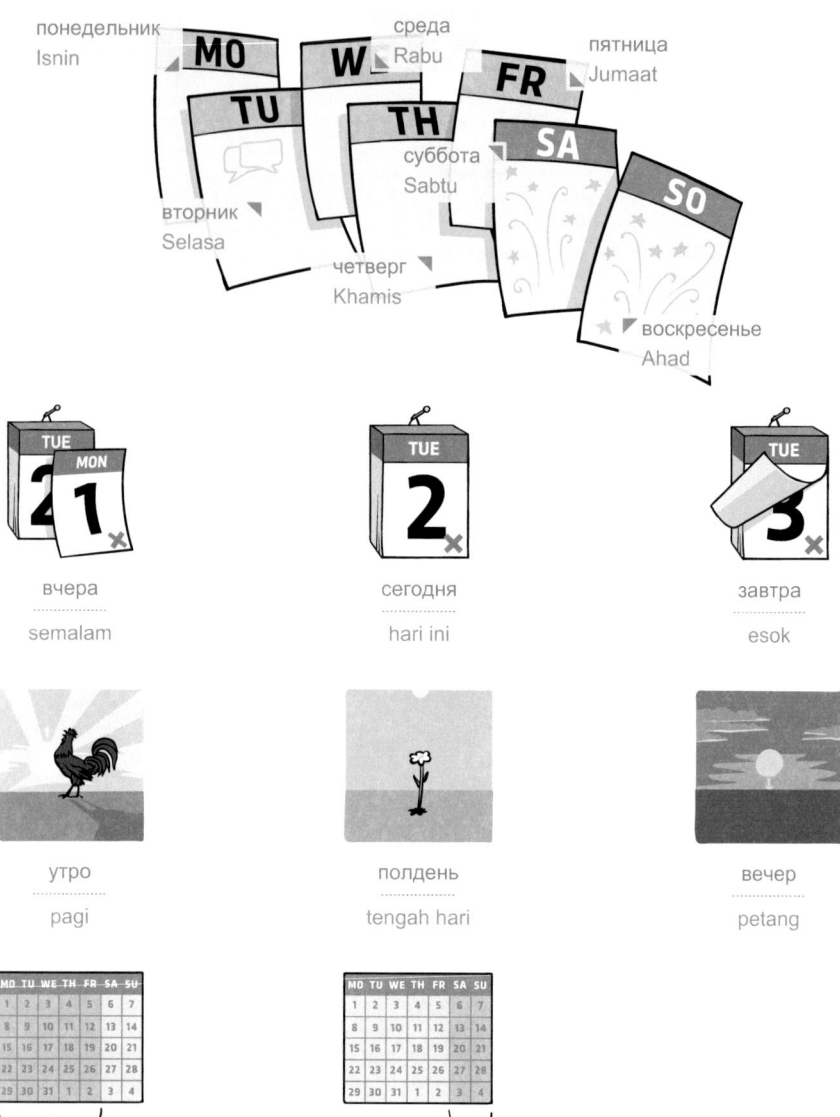

понедельник
Isnin

среда
Rabu

пятница
Jumaat

вторник
Selasa

четверг
Khamis

суббота
Sabtu

воскресенье
Ahad

вчера

semalam

сегодня

hari ini

завтра

esok

утро

pagi

полдень

tengah hari

вечер

petang

рабочие дни

hari kerja

выходные

hari minggu

дождь
hujan

радуга
pelangi

ветер
angin

снег
salji

весна
musim bunga

лето
musim panas

осень
musim luruh

зима
musim salji

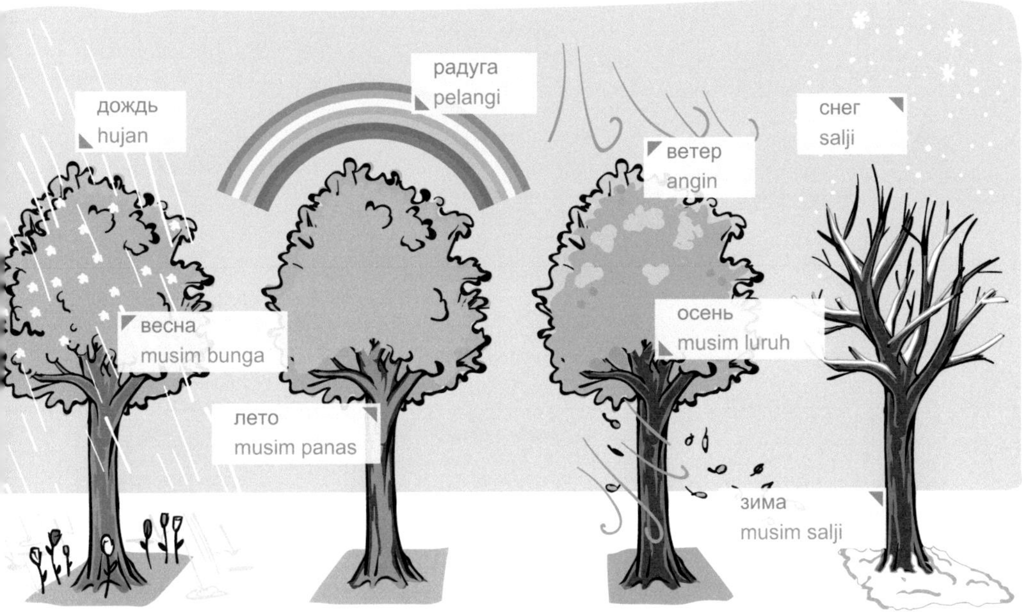

прогноз погоды

ramalan cuaca

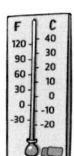

термометр

termometer

солнечный свет

sinar matahari

туча

awan

туман

kabus

влажность воздуха

lembapan

молния

kilat

гром

petir

буря

ribut

град

hujan batu

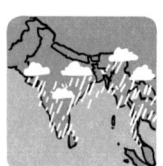

муссон

monsun

наводнение

banjir

лёд

ais

январь

Januari

февраль

Februari

март

Mac

апрель

April

май

Mei

июнь

Jun

июль

Julai

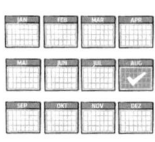

август

Ogos

год - tahun

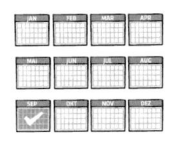

сентябрь

September

октябрь

Oktober

ноябрь

November

декабрь

Disember

формы

bentuk

круг

bulatan

квадрат

petak

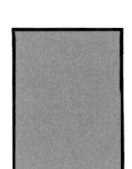

прямоугольник

segi empat tepat

треугольник

segitiga

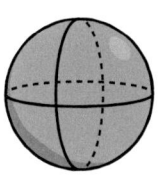

шар

sfera

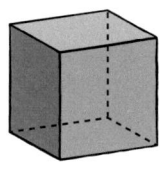

куб

kiub

белый

putih

желтый

kuning

оранжевый

oren

розовый

merah jambu

красный

merah

лиловый

ungu

синий

biru

зелёный

hijau

коричневый

coklat

серый

kelabu

черный

hitam

много / мало

banyak / sedikit

яростный / мирный

marah / tenang

красивый / уродливый

cantik / hodoh

начало / конец

bermula / tamat

большой / маленький

besar kecil

светлый / темный

terang / gelap

брат / сестра

abang / kakak

чистый / грязный

bersih / kotor

полный / неполный

lengkap / tidak lengkap

день / ночь

hari / malam

мёртвый / живой

mati / hidup

широкий / узкий

luas / sempit

съедобный / несъедобный

boleh dimakan / tidak boleh dimakan

злой / дружелюбный

jahat / baik

взволнованный / скучающий

teruja / bosan

толстый / худой

gemuk / kurus

сначала / в конце

pertama / terakhir

друг / враг

kawan / musuh

полный / пустой

penuh / kosong

твёрдый / мягкий

keras / lembut

тяжёлый / легкий

berat / ringan

голод / жажда

lapar / dahaga

больной / здоровый

sakit / sihat

незаконный / законный

menyalahi undang-undang / undang-undang

умный / глупый

pintar / bodoh

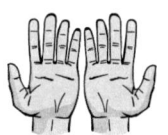

слева / справа

kiri / kanan

близко / далеко

dekat / jauh

новый / подержанный

baru / lama

ничто / нечто

tiada / sesuatu

старый / молодой

tua / muda

включено / выключено

hidup / mati

открыто / закрыто

terbuka / tertutup

тихо / громко

diam / bising

богатый / бедный

kaya / miskin

правильный /
неправильный

betul / salah

шероховатый / гладкий

kasar / halus

печальный / счастливый

sedih / gembira

короткий / длинный

pendek / panjang

медленный / быстрый

lambat / laju

мокрый / сухой

basah / kering

тёплый / прохладный

panas / sejuk

война / мир

berperang / berdamai

противоположности - berlawanan

0

ноль

sifar

1

один

satu

2

два

dua

3

три

tiga

4

четыре

empat

5

пять

lima

6

шесть

enam

7

семь

tujuh

8

восемь

lapan

9

девять

sembilan

10

десять

sepuluh

11

одиннадцать

sebelas

12

двенадцать

dua belas

13

тринадцать

tiga belas

14

четырнадцать

empat belas

15

пятнадцать

lima belas

16

шестнадцать

enam belas

17

семнадцать

tujuh belas

18

восемнадцать

lapan belas

19

девятнадцать

Sembilan belas

20

двадцать

dua puluh

100

сто

ratus

1.000

тысяча

ribu

1.000.000

миллион

juta

английский

Bahasa Inggeris

американский английский

Bahasa Inggeris Amerika

мандаринский китайский

Bahasa Cina Mandarin

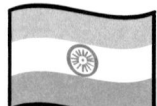

хинди

Bahasa Hindi

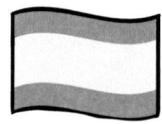

испанский

Bahasa Sepanyol

французский

Bahasa Perancis

арабский

Bahasa Arab

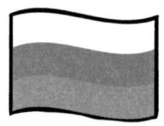

русский

Bahasa Rusia

португальский

Bahasa Portugis

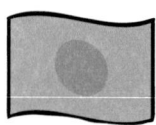

бенгальский

Bahasa Benggali

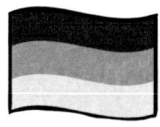

немецкий

Bahasa Jerman

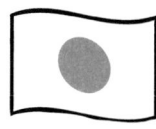

японский

Bahasa Jepun

я

saya

ты

anda

он / она / оно

dia / dia / ia

мы

kita

вы

anda

они

mereka

кто?

siapa?

что?

apa?

как?

bagaimana?

где?

di mana?

когда?

bila?

имя

nama

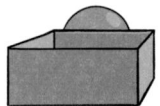

за

belakang

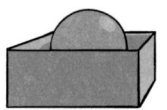

в

dalam

перед

di hadapan

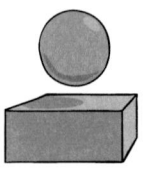

над

lebih

на

pada

под

di bawah

рядом

bersebelahan

между

antara

место

tempat